AF267110

LA PAIX ET LA RÉPUBLIQUE

NAPOLÉON IER

AU

COMTE DE BISMARCK

AVIS DE L'ÉDITEUR

Cette lettre, comme on verra par la date, a été écrite avant le bombardement de Paris. La publication en a été retardée par des circonstances indépendantes de la volonté de l'éditeur.

LA PAIX ET LA RÉPUBLIQUE

—

NAPOLÉON IER

AU

COMTE DE BISMARCK

Écoutez la voix des morts. (*L'Histoire.*)

La civilisation, en avançant, élève la mission de l'homme d'Etat : il ne s'agit plus en Europe, aujourd'hui, de son équilibre, mais de l'avenir de l'humanité. Dans cette partie du monde, il ne devrait plus y avoir qu'une nation. (*La Science politique.*)

La vérité et la liberté rendent la vertu facile et sages les gouvernements et les peuples. (*La Philosophie.*)

On a vu des ministres qui avaient contre eux la nation et le roi, et qui, à eux seuls, menaient leurs plans à bonne fin. (*Le Génie.*)

PARIS

LIBRAIRIE DE JOËL CHERBULIEZ

G. FISCHBACHER, GÉRANT

33, RUE DE SEINE, 33

—

1871

BIBLIOTHÈQUE NATIONALE R.F. IMPRIMÉS.

NAPOLÉON IER

AU

COMTE DE BISMARCK

———

Monsieur le Comte,

Vous représentez au plus haut degré l'idée d'ambition et d'orgueil que la Prusse poursuit depuis longtemps avec plus de ténacité que de scrupule. Il ne faut donc pas s'étonner que vous imposiez silence à tout sentiment généreux et que vous ne prêtiez point l'oreille à tout ce qu'on peut vous dire ou proposer qui met obstacle à la réalisation de cette idée, surtout après les succès inouïs que les armées fédérales ont obtenus contre la plus brave, la plus généreuse, la plus spirituelle, mais aussi la plus légère des nations.

Je sais combien est grande l'ivresse du triomphe dans les luttes de peuple à peuple ; j'ai éprouvé cette ivresse avant vous, et, malheureusement, plus souvent que vous. Je sais ce qu'elle enfante d'orgueil, ce qu'elle produit d'aveuglement, et combien elle rend sourd aux conseils et aux prières des vivants.

C'est pourquoi les morts, durant ces luttes souvent terribles et toujours désastreuses, prennent parfois la parole.

Celui qui vous adresse aujourd'hui cette lettre d'outre-tombe a fait beaucoup de bruit dans le monde où vous vivez, monsieur le comte : c'est le vainqueur d'Iéna ; n'en soyez point surpris.

Je suis la cause première de l'immense malheur qui accable en ce moment le pays que j'ai tant aimé ; vous connaissez trop bien l'histoire de mon temps et celle du vôtre pour que j'insiste.

Étant le vrai ou, du moins, le principal coupable, j'accomplis un devoir en venant, non pas implorer votre pitié, ce serait une insulte à la France et une démarche inutile, mais vous faire entendre, si c'est possible, cette voix des morts qui est la voix de la raison et qui parle à chaque grande page de l'histoire.

L'accomplissement du devoir, monsieur le comte, constitue le but de toute noble ambition dans le lieu où je me trouve.

J'habite, en effet, après bien des souffrances, un monde qui, quoique semblable à celui où j'ai joué ce grand rôle dont la fin devait être si triste, en diffère pourtant.

Il a sur le vôtre cet immense avantage que l'on y est plus intelligent, plus instruit et plus raisonnable et que par conséquent la vérité y est mieux connue. Nous mettons plus de savoir et plus de moralité au service de nos aspirations et de nos besoins. Le peu de justice qui existe dans une cause, le coin de vérité qui se trouve dans une opinion ne suffisent pas à nous dissimuler toutes les injustices et toutes les erreurs que cette cause et cette opinion peuvent renfermer.

Il résulte de cette manière de comprendre et de se conduire que notre sensibilité subit moins d'épreuves douloureuses, bien que nous ne paraissions pas nous en inquiéter, et que nos désirs et nos intérêts, que nous semblons ne pas consulter, finissent par recevoir pleine satisfaction.

Et non-seulement nous allons ainsi plus facilement et plus sûrement au bien et à l'utile, mais nous marchons plus librement vers l'accomplissement de nos destinées ; nous avons le mérite de n'y être pas poussés par les passions ou par les circonstances, comme cela arrive toujours chez vous, du moins jusqu'à présent.

Voilà un début, monsieur le comte, qui naturellement vous causera de la surprise : l'homme des batailles et des grandes guerres parlant philosophie et morale au comte Otto de Bismarck, tandis que les armées victorieuses de l'Allemagne occupent et rançonnent sans pitié le tiers de la France, entourent Paris d'un cercle de fer et de feu et regardent déjà la grande ville comme une proie assurée, il y a là, en [effet, de quoi produire beaucoup d'étonnement.

Eh bien! votre étonnement deviendra plus grand encore si vous me faites l'honneur de me lire jusqu'à la fin; car, jusqu'à la fin, vous ne trouverez en moi qu'un philosophe et un moraliste.

Les conquérants, les grands capitaines, les fins diplomates, les habiles faiseurs, les gens soi-disant positifs n'existent pas dans le monde où je suis; ils seraient inutiles. Car, chez nous, on n'éprouve pas le besoin de se tromper et de s'entr'égorger, on ne transforme pas les plus belles facultés de l'esprit en simples instruments du succès matériel, on ne divinise pas ceux qui, en haut ou en bas de l'échelle sociale, réussissen, en oubliant toute dignité, en faisant litière de tout principe de morale, de tout sentiment noble et élevé.

En un mot, chez nous, l'intérêt général n'est jamais sacrifié à l'intérêt particulier, la fin ne justifie point les moyens et la seule grandeur qu'on ambitionne et qu'on admire est celle qui consiste à s'attacher énergiquement et avec constance à la vérité et au devoir, à mépriser tout danger et toute bassesse, à n'écouter que la voix de la conscience, à placer aux heures les plus sombres sa confiance en Dieu et à se tenir toujours prêt à se sacrifier pour la cause de la liberté et pour celle de l'humanité.

Si vous n'étiez pas de la patrie de Kant, de l'illustre auteur de la *Doctrine du Droit*, je prendrais quelques précautions pour mieux me faire comprendre ; mais, avec le compatriote d'un si grand philosophe, d'un si profond moraliste, je n'ai pas à m'inquiéter de paraître obscur.

J'aborde donc, sans plus de développements, le grave sujet dont il est de mon devoir de vous entretenir :

J'ai dit plus haut, monsieur le comte, que j'avais joué un grand rôle dans votre monde, mais que ce rôle avait fini bien tristement.

En effet, Dieu ou, si vous aimez mieux, la Force infinie qui régit l'univers, m'avait doué de si grandes facultés et m'avait permis de devenir si puissant, d'acquérir tant de prestige, que j'aurais pu, à un moment de mon existence parmi vous, si j'avais été plus instruit et surtout plus sage, changer la face de l'Europe et lancer presque tous les peuples civilisés de l'ancien monde dans la grande voie de la liberté et du progrès, qui est la vraie voie de la civilisation.

Oui, monsieur le comte, il y a eu un moment de ma vie où il ne m'aurait pas été bien difficile d'organiser les États-Unis d'Europe et de faire que, dans cette petite, mais belle partie du monde, il n'y eût plus, pour ainsi dire, qu'une seule nation. Il s'y trouvait déjà assez de raison, de moralité et de civilisation pour espérer que le système fédératif eût des chances de réussite et de durée.

Les institutions franchement républicaines, une

fois bien établies en France, auraient servi de modèle à l'Italie, à la Hollande, à la Hongrie, à la Pologne, peut-être même à l'Espagne; et la constitution anglaise aurait pu transitoirement être adaptée à l'Autriche, à l'Allemagne et à la Scandinavie.

Tous les ans les députés des États confédérés se seraient réunis successivement dans la capitale de chacun d'eux ou dans une ville tout à fait centrale, qu'on aurait neutralisée, pour discuter et voter les lois d'intérêt général et résoudre les questions de politique extérieure, en ayant recours le moins possible à la diplomatie.

D'un autre côté, des congrès de savants de toute sorte, d'industriels et de commerçants auraient eu lieu dans la même localité et à la même époque, pour examiner tout ce qui a trait à l'industrie, au commerce, à l'économie politique, à l'instruction, à l'éducation, à la morale et à la religion; en un mot, pour étudier les grands problèmes de la science sociale et préparer les projets de lois concernant la confédération tout entière.

Ces savants, ces industriels et ces commerçants auraient formé le grand Conseil d'État, et les députés, le grand Corps législatif de cette confédération.

Alors l'Angleterre serait venue à nous par la force des choses, sans blocus continental. Sa haine pour la France se serait adoucie, et son égoïsmes serait éclairé au contact de tant de peuples libres associés pour le bien général.

La Russie, de son côté, n'aurait pas résisté longtemps à l'influence d'une grande civilisation voisine, et nous aurait aidé, bon gré, mal gré, à secouer l'Orient de sa torpeur et à le faire sortir de son ignorance et de la barbarie.

Quant à l'Amérique du Nord, pourvu qu'on l'eût laissée poursuivre tranquillement son œuvre civilisatrice au delà de l'Océan, elle aurait applaudi certainement au nouveau mouvement européen, en voyant dans ses aînés des imitateurs.

Grâce aux institutions véritablement libérales fonctionnant partout, grâce à l'absence de barrières entre les peuples et à la suppression des armées permanentes, les sciences auraient fait des progrès plus rapides, l'industrie aurait été plus productive, la richesse générale plus grande, l'instruction et le bien-être se seraient plus répandus et la loi morale se trouverait aujourd'hui plus respectée. Enfin l'Europe n'offrirait plus le triste et affligeant spectacle d'une famille de nations civilisées vivant entre elles à l'état sauvage et prenant de temps en temps plaisir à se ruiner, à s'égorger, à s'entredétruire froidement, je dirai presque stoïquement, suivant les principes de la science.

Mais, pour appliquer un si beau programme, pour opérer de si grandes réformes, le pouvoir ne suffisait pas, il fallait aussi le savoir. Il fallait connaître ce que j'ai appris depuis que j'ai quitté votre monde, il fallait avoir étudié autrement que je ne l'avais fait le passé de l'humanité pour mieux comprendre sa destination, ses besoins et les besoins de mon époque ; il fallait, en un mot, être un vrai savant et un vrai philosophe. Malheureusement, j'étais alors digne de ce titre comme vous êtes digne en ce moment du titre de philanthrope.

Il est vrai que, si j'avais été philosophe et savant, je ne serais pas arrivé à la toute-puissance ; le petit officier de fortune n'aurait pas pu saisir le sceptre de Charlemagne.

Ce n'est que lorsque les choses suivent leurs lois naturelles, quand la force et la ruse ne s'en mêlent pas, que le pouvoir va aux plus capables, aux meilleurs, à ceux qui mènent le plus facilement et le plus sûrement les sociétés à leur but.

Or, chez vous il n'y a pas encore affinité, vous le savez bien, entre le vrai savoir et le pouvoir dirigeant. Une sorte d'ostracisme éloigne toujours de ce pouvoir trois souverains bien légitimes. Je veux dire : « *Le Penseur*, qui scrute les secrets de l'univers et de l'âme, qui communique à l'intelligence une conscience nouvelle de sa propre puissance, qui imprime à la pensée plus de largeur et plus de liberté ; *le Publiciste*, qui cherche le bien général sans crainte et sans ambition, qui comprend que l'esprit d'une nation a plus de valeur que son sol, qui encourage les entreprises des peuples sans les rendre esclaves de la richesse, qui se confie avec fermeté dans la justice et dans la vertu, comme les seules bases d'une sage politique et de la prospérité publique, qui n'oublie jamais que sa patrie particulière n'est qu'un membre de la grande famille humaine ; et, enfin, *le Réformateur moral et religieux*, qui se place au-dessus de son temps, qui, mû par une sainte impulsion, attaque les institutions défectueuses défendues par les passions et par les préjugés, qui éclaire d'une lueur plus vive et plus pénétrante l'idéal qu'il faut proposer à l'homme et à l'humanité. »

Et c'est là la principale cause de vos révolutions, de vos malheurs et de vos souffrances ; c'est là aussi ce qui explique pourquoi la guerre à outrance que se font en ce moment deux grandes nations civilisées laisse froids et indifférents ceux qui gouvernent l'Angleterre, l'Autriche, la Russie, l'Italie et l'Espagne, tandis qu'une menace du souverain de Saint-Pétersbourg, contre la seule puissance européenne réfractaire à toute vraie civilisation, peut allumer d'un jour à l'autre une conflagration générale.

Depuis qu'il m'est donné d'observer avec calme et sans passion les faits et gestes de votre humanité, je n'ai pas encore constaté une si grande imprévoyance, un si profond aveuglement.

Comment, en effet, n'a-t-on pas encore compris chez vous que c'est à la famille chrétienne que les destinées du monde sont confiées, que l'équilibre européen est une vieillerie, une erreur, et que défendre la domination turque, c'est vouloir maintenir dans votre système, au risque de le troubler, le satellite d'un monde inférieur?

Quoi qu'il en soit, au moment de mes succès et de mes triomphes, je m'inquiétais de Dieu et de la loi morale, comme vous et votre froid et habile collaborateur, M. de Moltke, vous vous inquiétez des malheurs et de la ruine de la France. Et cependant je croyais, j'étais même un peu superstitieux, mais mon orgueil était sans bornes.

J'avais tant de confiance en mon pouvoir que rien ne me paraissait impossible; ce mot avait été proscrit de la langue que je parlais. Les aiguilles du cadran devaient marquer l'heure qui plaisait à ma fantaisie. Je me croyais infaillible en même temps qu'omnipotent : toutes mes idées étaient justes, tous mes projets réalisables. Je ne voyais plus dans les hommes que de pauvres petits êtres dont toute l'ambition devait consister à m'obéir et à me complaire, et dans les peuples, ces grandes corporations d'ouvriers que Dieu s'est associés pour mener à bien l'œuvre de la création, que des forces plus ou moins puissantes devant agir ou lutter ensemble, suivant mes caprices.

Point n'est besoin de dire combien j'étais loin de la vérité, combien j'étais insensé.

J'usai mes prodigieuses facultés, mon génie, car j'ai eu du génie, et tout mon pouvoir à restaurer le passé, à marcher en arrière, à susciter des haines profondes entre les peuples, à faire la guerre à la liberté et surtout à la pensée, en vrai despote que j'étais, parce que la pensée est ce qu'il y a de plus libre et de plus puissant dans l'homme. J'entrepris, en un mot, une œuvre désastreuse et impossible.

J'aurais pu rester toujours grand, honoré, respecté, j'aurais pu être aimé, si j'avais respecté davantage Dieu et les hommes, si j'avais eu plus de confiance dans la liberté et plus de foi dans la vraie science. Mais je ne recherchai, je n'ambitionnai que le pouvoir, je ne consultai que mon égoïsme, je n'écoutai que mon orgueil. Aussi je fus foudroyé.

Et c'est heureux pour l'Europe et pour la civilisation, car, si les projets enfantés dans l'ivresse du triomphe avaient pu se réaliser, j'aurais immobilisé le monde; les Chinois auraient eu des frères en Occident.

Le châtiment, vous le savez, a été grand comme mes fautes et comme mon orgueil; il dure encore.

Les récents et effroyables désastres qui accablent mon pauvre pays sont la continuation de l'expiation commencée, il y a plus d'un demi-siècle, au milieu des neiges de la Russie. Telle est la loi de l'histoire qui a nom *Solidarité*. La France, pourquoi ne pas le dire? fut mon complice, comme l'Allemagne est aujourd'hui le vôtre; avis aux nations qui se laissent éblouir par ceux qui les gouvernent.

C'est aussi en vertu de cette loi de solidarité et d'expiation que la Prusse a été encore une fois victorieuse et chargée d'infliger à la France une épreuve qui sera la dernière, c'est moi qui vous le dis. On n'a pas encore oublié chez vous que lorsque je parcourais l'Europe en triomphateur, c'est surtout contre la Prusse que je me montrai impitoyable.

Et pour mieux m'associer aux dernières douleurs de mon pays, le Juste des justes a voulu que ce fût un souverain héritier de mon nom qui amenât le dernier désastre. Aussi, désormais, grâce à mon neveu, l'apothéose ne viendra plus troubler ma tombe et la France républicaine ne sera plus tentée de confier à un Napoléonide ses destinées.

Eh bien, monsieur le comte, c'est pour épargner à l'Allemagne, cette sœur de la France par l'intelligence, pour épargner à la Prusse, à son roi, à sa famille et à vous-même de grands malheurs, de douloureuses épreuves, une longue expiation comme celle que je subis et que subit mon ancienne patrie ; c'est pour empêcher les haines profondes de naître et de durer, et l'abîme de se creuser davantage entre deux grands peuples ; c'est pour clore à jamais, si c'est possible, l'ère sanglante des batailles et des grandes luttes entre les nations civilisées que je me suis décidé à vous adresser, sous l'autorité de l'histoire, quelques paroles de paix et de modération.

Dans le monde où je vis, monsieur le comte, les préventions et les antipathies existent comme chez vous, mais l'on y cède rarement ; on connaît aussi le ressentiment, mais il n'y a pas de vengeance. Nous voyons clairement le mal, nous souffrons de toutes les fautes, quels qu'en soient les auteurs, amis ou ennemis, et nous employons tous nos efforts à les prévenir ou à les réparer. Nous sommes, en un mot, de sang-froid devant les passions comme vous cherchez à l'être devant la mort ; c'est notre manière d'acquérir de la gloire.

Je vous parle donc sans arrière-pensée et uniquement dans l'intérêt du vrai et du bien ; puissiez-vous m'écouter de même !

Vous avez déjà traversé, monsieur le comte, ce moment solennel et fatal où tout mortel parvenu à une grande puissance doit faire choix entre deux routes à suivre, ce moment où, comme Hercule, tout grand vainqueur a sa vision. Les deux chemins qui s'ouvrirent devant le héros, fils de Jupiter, au milieu de ses exploits, se sont ouverts devant vous, il y a trois mois, lorsque l'illustre représentant de la France vaincue, mais redevenue libre, est allé vous proposer de sa voix éloquente et émue la paix, au château de Ferrières.

L'un de ces chemins conduit à la vérité, au bien, au juste, à l'utile, à la tranquillité, à la prospérité, au bonheur ; l'autre mène à l'erreur, au mal, aux catastrophes, aux ruines, aux longues expiations.

Vous vous êtes laissé entraîner par toutes les séductions qui s'offrent à l'entrée de ce dernier et qui en cachent les précipices. Enivré, ébloui par vos triomphes, vous avez cru et vous croyez encore pouvoir impunément et avec profit poursuivre votre œuvre de dévastation et de carnage ; c'est une erreur profonde. Rien n'est plus fragile qu'une domination fondée purement sur la force et sur l'iniquité, et le monde est plein de causes secrètes qui apparaissent tout à coup à la voix de la Providence et rompent brusquement comme un fil les plus habiles échafaudages humains.

Il est temps encore, monsieur le comte, de retourner en arrière et de reprendre le premier chemin.

N'hésitez pas, croyez-m'en, quelles que soient les difficultés que présente ce retour et alors même que vous ne seriez pas certain d'aller aussi loin que vous le voudriez dans la voie que je vous indique et qui est la bonne. Faites ce que je n'ai pas fait, ce que je n'ai pas su faire, et malgré le passé et le présent, où il y a tout à vous reprocher, tout à vous faire pardonner à vous et aux vôtres, vous serez plus grand que le vainqueur d'Iéna.

Cessez cette guerre déjà trop désastreuse et que vous avez rendue atroce et impie, en violant tout droit et toute justice. Respectez la France ; faites mieux, désarmez-la, mais désarmez la Prusse, désarmez tout le monde.

Forcez l'Europe à s'entendre une bonne fois pour inaugurer l'ère de la vraie civilisation afin que toutes les ressources et toutes les facultés de la famille chrétienne soient uniquement employées à faire progresser la science, à répandre partout la lumière, à généraliser le bien-être, à préparer enfin le règne de la justice, règne qui doit arriver sur votre terre, quoi qu'on en dise et quoi que vous en pensiez vous-même, car c'est là réellement l'œuvre finale de l'humanité.

Et ici, écoutez-moi bien, monsieur le comte, vous qui paraissez ne croire qu'à la force, n'invoquer et n'adorer qu'elle :

Oui, la force existe et joue un grand rôle dans le monde. Il n'en pourrait être autrement, car c'est la force qui produit la vie, et la vie est et veut être partout, dans le temps comme dans l'espace infini. Voilà pourquoi le monde est éternel.

Mais la force n'est pas seule dans l'univers ; à côté d'elle, au-dessus d'elle, marche et plane la loi. Malheur à qui l'oublie !

La force sans la loi, c'est la liberté et l'intelligence sans la raison ; c'est-à-dire l'instinct féroce ou la démence ; c'est la création sans l'ordre qui la gouverne, c'est-à-dire le chaos et les ténèbres ; c'est le bourreau sans le juge, c'est-à-dire le plus affligeant de tous les spectacles, la plus hideuse des monstruosités pour qui a une conscience.

C'est la loi, monsieur le comte, qui permet à la Toute-Puissance d'associer des intelligences libres, mais imparfaites, à l'exécution de plans sublimes qu'elles n'ont point conçus, de tracer la marche de votre humanité sans laisser son avenir aux chances des faiblesses et des caprices de quelques hommes, d'instituer en un mot une Providence à côté de votre libre arbitre.

C'est la croyance à la loi qui a fait dire au plus grand mathématicien de mon temps, quand j'étais parmi vous, « qu'une intelligence qui, pour un instant donné, connaîtrait toutes les forces dont la nature est animée et la situation respective des êtres qui la composent, si d'ailleurs elle était assez vaste pour soumettre ces données à l'analyse, embrasserait dans la même formule les mouvements des plus grands corps de l'univers et ceux des plus légers atomes ; que rien ne serait incertain pour elle et que l'avenir, comme le passé, serait présent à ses yeux. »

C'est aussi la croyance à la loi qui a autorisé, il y a soixante ans, aux jours de malheur et d'infortune, une de vos reines, une noble femme, à prononcer contre moi ces paroles fatidiques : « Cet homme tombera, car il n'agit pas suivant les lois de Dieu. »

Et n'est-ce pas l'observation de la loi, mais d'une loi pour ainsi dire toute matérielle, d'une loi très-inférieure à la loi morale, dont elle ne doit être que la servante, qui vous a permis jusqu'à ce jour de vaincre une nation aussi nombreuse que la vôtre et possédant plus de richesses et plus d'éléments de puissance, sinon plus de courage ?

L'industrie, ai-je besoin de vous le rappeler ? n'a réellement progressé que depuis que le génie de l'homme utilise les forces de la nature suivant les lois qui les gouvernent. De même les sociétés ne s'organiseront d'une manière solide et durable et le progrès ne sera assuré au milieu d'elles qu'autant que toutes les forces sociales fonctionneront suivant leurs lois et surtout suivant leur loi souveraine, *la loi morale*, qui repose sur la vérité et sur la liberté.

Cette loi, monsieur le comte, a sa sanction comme la loi physique, sanction qui n'est pas aussi prompte, le mérite en souffrirait, mais qui arrive tôt ou tard, quel que soit le coupable, empereur ou goujat.

Si ce n'est pas l'individu, c'est la famille, c'est la société tout entière; si ce n'est pas le père, c'est le fils, plusieurs générations qui sont frappées et souvent c'est tout ce monde à la fois qui supporte l'expiation.

Les preuves de cette vérité sont nombreuses dans l'histoire; je vous ai exposé celle qui ressort des dernières années de ma vie et du passé récent de mon pays et de ma race.

Et comme dans le monde physique, c'est une force qui sert à modérer, à équilibrer une autre force, dans le monde moral, c'est un peuple souvent qui est chargé d'en ramener un autre dans la bonne voie. Le merveilleux phénomène de la corrélation des forces existe dans le monde de l'esprit comme dans celui de la matière, et dans l'un comme dans l'autre, la science doit s'efforcer de produire le plus de travail utile avec le moins de déperdition de force possible.

Vous comprendrez, je n'en doute pas, l'allusion, monsieur le comte, dans un moment où tant de forces physiques, intellectuelles et morales sont employées à semer la mort et la destruction dans un des plus beaux pays du monde, tandis que de grandes contrées du globe attendent la lumière de la civilisation.

Je n'examinerai pas si, dans le terrible duel engagé entre la France et la Prusse, c'est mon pays ou le vôtre qui a rendu la lutte nécessaire ou si les torts doivent être partagés.

J'avouerai seulement que la France avait besoin de traverser de nouvelles épreuves, de faire de nouveau connaissance avec ce qui éveille la raison et l'oblige à s'inquiéter de la destinée de l'homme, avec ce qui élève la pensée morale, qui est la pensée humaine par excellence, c'est-à-dire, avec le malheur et avec la souffrance.

La voie où elle s'était engagée depuis plusieurs années, et surtout depuis qu'elle avait eu la malheureuse idée de se laisser gouverner par un de ma race, ne pouvait que la conduire à l'abîme où elle est tombée et où elle gémit depuis trois longs mois.

Les études sérieuses étaient négligées, les hommes qui cultivent les germes des hautes vertus, des grandes idées, des nobles sentiments, étaient rares et tenus à l'écart, et les chercheurs du mieux, les voyageurs et les observateurs intelligents, les vrais penseurs, poursuivis ou dédaignés.

Briller par la parole, par un certain esprit et un certain courage, par les distinctions et les honneurs et surtout par la richesse, tel était l'idéal rêvé dans le beau pays de France et principalement dans sa trop splendide capitale.

De la recherche de la vérité religieuse ou politique, du mouvement des autres peuples, de la réalisation du progrès social dans le sens de la loi morale, en un mot des grands et vastes problèmes qui pèsent sur la tête de l'homme comme un nuage sombre, et qui font, comme l'a dit un profond et honnête penseur, que le pâtre chez lequel ils se révèlent, est une nature plus développée que le bel esprit le plus civilisé chez lequel cette révélation ne s'est point opérée, peu de personnes s'en inquiétaient.

« On vivait au jour le jour à la recherche des objets divers de ses passions, très-content quand on les avait atteints, très-désappointé, quand ils avaient échappé. Mais, heureux ou trompé, on se prenait le lendemain de désirs toujours renaissants, d'ambitions toujours nouvelles, on continuait intrépidement son rôle sans jamais songer à se demander le sens de cette pièce, dans laquelle l'homme figure et qui lui donne tant de peine, et si la France était toujours digne de sa réputation, de son passé et de sa gloire.

« On était sans foi d'aucune sorte, sans idées arrêtées d'aucune espèce sur les questions qui font palpiter l'humanité. Si l'on parlait de religion et de

morale, c'était uniquement par habitude et par cal-
cul. Un égoïsme profond sans croyance, c'est-à-
dire la plus funeste, la plus délétère des passions,
couvrait la société tout entière. Le but de la vie
était devenu, pour ainsi dire, tout à fait animal. »

La durée de la forme religieuse catholique en
France est une des preuves les plus concluantes du
triste état intellectuel et moral de mon malheureux
pays.

Si l'instruction avait atteint dans mon ancienne
patrie et dans le midi de l'Europe le développement qu'elle devrait avoir reçu à une époque de
progrès scientifique comme celle où vous vivez,
si l'on s'était plus tourmenté de la destination de
l'homme et des vastes questions qu'elle renferme,
il y a longtemps que le catholicisme ne pèserait plus
dans la balance politique, que là question romaine,
source de tant d'embarras pour les hôtes des Tuile-
ries, aurait reçu une solution conforme aux exi-
gences de l'époque, que les grandes vérités révélées
par la science ne seraient plus obscurcies ou mé-
connues dans les pensionnats et dans les colléges,
et que les jeunes générations apprendraient que
leur destinée, que la destinée de l'humanité sur
votre globe est autrement sérieuse, autrement noble et belle que celle enseignée par le catéchisme.

Il fallait donc un avertissement à mon pauvre
pays.

Mais qui devait le donner? Qui pouvait faire
tomber le bandeau des yeux des Français et leur

montrer combien ils restaient en arrière et faisaient fausse route? Qui?... l'étranger; et en voici la raison :

Les fautes commises par les défenseurs de la liberté et des idées nouvelles pendant la première révolution s'opposaient à ce que le pouvoir, quel qu'il fût, depuis ma disparition, opérât pacifiquement les réformes radicales qui sont nécessaires pour régénérer la France.

Depuis 1793, on a eu trop peur des révolutionnaires, ce qui a fait que l'on a confondu souvent les vrais réformateurs avec les fauteurs de désordre et les buveurs de sang.

C'est encore là une conséquence de la loi d'expiation : les hommes de la Terreur ont cru, pour sauver la France, pouvoir violer la loi morale; ils se sont trompés et le progrès en a souffert parce qu'ils l'ont représenté pendant un instant.

En examinant bien la vie d'un peuple, on trouverait toujours la cause de ses révolutions, de ses malheurs, de sa ruine et de sa mort dans la violation d'une loi morale. Tel est du moins le principe qui se dégage de l'étude de l'histoire comme nous la faisons. La loi morale, en effet, est au monde de l'humanité ou de l'esprit ce que le nombre est au monde de la matière ou des corps. Que deviendrait le Cosmos sans les merveilleuses lois des proportions définies et des proportions multiples et sans la grande et belle loi de la gravitation?

La preuve que la France ne pouvait pas prendre

l'initiative d'une grande réforme intérieure, sans une forte secousse venue du dehors, ressort du peu de résultats produits par les trois ou quatre révolutions qui ont précédé celle du 4 septembre et qui n'ont été à vrai dire que des restaurations. En 1852, malgré le suffrage universel, on était, au point de vue religieux, politique et social, moins avancé peut-être qu'en 1815, à l'époque de ma chute. Ah! c'est que pour changer les institutions et les mœurs d'une nation, il ne suffit pas de changer de dynastie ou de modifier la forme du gouvernement, il faut surtout changer les idées, *les idées qui font l'union comme l'union fait la force.*

Il y a parfois chez un peuple des institutions reconnues mauvaises, mais tellement ancrées, des abus qui sautent aux yeux, mais tellement enracinés, qu'une révolution profonde peut seule les détruire, les faire disparaître. Et quand ce peuple est impuissant à s'appliquer lui-même le remède, et c'était le cas de la France, un voisin, souvent moins civilisé, quelquefois moins honnête, et en apparence moins puissant, se charge ou se trouve chargé par la loi du développement social de commencer la besogne, beaucoup au détriment du malade et un peu au détriment du médecin.

Quoi que vous fassiez, monsieur le comte, la Prusse, par cette guerre, quelque désastreuse qu'elle puisse être et devenir encore, aura rendu un immense service à la nation française, car elle l'aura débarrassée de la forme monarchique, du militarisme, du cléricalisme et du fonctionnarisme, quatre influences qui ont été bien funestes aux nations latines.

Croyez-moi, si la Réforme avait pu pénétrer dans le midi de l'Europe comme dans le nord, si son esprit y avait dominé depuis trois siècles, la France n'aurait pas cessé d'être le soldat de Dieu et serait encore la plus sympathique et la plus grande des nations.

Loin de moi la pensée de contester les nombreuses et solides qualités des populations allemandes; mais c'est encore dans le pays du soleil que les nobles descendants des Aryas se montrent réellement les privilégiés du genre humain. Rappelez-vous Athènes et Florence, la Grèce et l'Italie, deux villes, deux contrées où les lettres, les sciences ont, à des époques différentes, briller dans toute leur splendeur.

Il dépend de vous, monsieur le comte, de hâter la régénération de mon pays et de la rendre moins douloureuse.

Vos armées ont remporté avec une rapidité foudroyante des succès tels que ceux qu'elles pourraient obtenir encore n'ajouteraient rien à leur gloire; croyez-en le grand batailleur du commencement du siècle, il s'y connaît. Tandis que des revers, et tout est possible, depuis surtout que la Prusse se montre aussi barbare que savante dans l'art de la guerre, peuvent avoir pour elle les conséquences les plus désastreuses.

Si l'on ne conteste plus à l'Allemagne le droit

d'être maîtresse chez elle, droit qui existe pour toute vraie nation, c'est-à-dire pour tout groupement de forces sociales animées des mêmes idées, des mêmes sentiments et mues par les mêmes intérêts ; si un désarmement réciproque est consenti ; si une juste indemnité vous est accordée, n'insistez pas pour obtenir davantage. Toute humiliation inutile imposée au vaincu finit par devenir fatale au vainqueur.

Quoi qu'il arrive, la France ne peut pas disparaître du rang des nations. Sa mort que vous voulez, que vous poursuivez avec une sorte de rage, ne pourrait jamais être qu'une métamorphose. Soyez donc prudent, si vous ne savez pas, si vous ne voulez pas être généreux. Tel est aussi l'avis d'un Florentin trop fameux, bien connu à la cour du roi de Prusse.

Donnez un grand exemple, monsieur le comte : arrêtez-vous au milieu de vos triomphes, faites mieux, tournez-les au profit, non-seulement de l'Allemagne, mais de toute l'Europe, du progrès et de la civilisation.

Prenez l'initiative de la paix.

Vous êtes assez intelligent et, en ce moment, encore assez puissant pour faire sortir de tant de ruines et de tant de désastres une situation qui assure pour longtemps la tranquillité, la prospérité et le contentement général; il vous suffit de vouloir.

« On a vu des ministres, c'est un de vos plus grands et de vos plus beaux génies qui l'a dit, qui avaient contre eux le roi et la nation et qui, à eux seuls, ont mené leurs plans à bonne fin. »

J'ajouterai avec le profond penseur que j'ai cité plus haut que « l'homme d'État du dix-neuvième siècle sera celui qui, sortant le premier des idées étroites de son patriotisme, conduira la politique de son pays, non vers le but usé de son agrandissement et de l'abaissement de ses voisins, mais au profit et dans le sens de l'union de l'Europe. Il fera la puissance et la gloire de sa patrie précisément parce qu'il aura abjuré le dogme du patriotisme. »

Soyez cet homme d'Etat, monsieur le comte, il ne saurait y avoir d'ambition plus noble et plus grande. Apprenez au monde tout ce qu'il y a d'avantageux et de fécond à se montrer modéré dans la victoire et juste dans la force, à subordonner la gloire et l'amour-propre d'un seul peuple aux intérêts et à la paix de toute la chrétienté et du monde civilisé.

C'est ainsi que vous parviendrez à faire oublier tout le mal que vous avez fait et que vous faites, vos tristes procédés pour vaincre, le détestable emploi en temps de paix de cet instrument abject qui s'appelle l'espionnage et enfin « ce grand art » de dissimuler la vérité qui ravale l'homme au-dessous de la bête et le rend coupable de ce crime étrange qualifié avec juste raison de suicide moral par le grand moraliste de Kœnigsberg.

J'ai fini, monsieur le comte, et cependant encore un conseil :

N'oubliez pas que, dans la vie de l'humanité, il n'y a pas, à vrai dire, d'intérêts français ni d'intérêts prussiens, que ceux que l'on considère aujourd'hui comme tels peuvent disparaître demain comme ont disparu les intérêts d'Athènes et de Rome. En un mot, il n'y a pas de peuple-soleil, il n'y a que des lois qui président au développement de cette humanité dans le temps et dans l'espace et qui veulent être respectées.

N'oubliez pas que, quand ces lois sont violées; que, quand de grandes fautes sont commises, quels qu'en soient les auteurs, nations ou individus, il y a toujours des neveux pour les faire expier, si les oncles ne suffisent pas.

Vous connaissez le mien et vous savez s'il a bien rempli sa mission ; que l'exemple ne soit pas perdu pour vous !

Adieu, monsieur le comte, vous possédez, je le répète, assez d'intelligence pour comprendre ; aurez-vous assez de raison et de volonté pour écouter la voix des morts ? Je le souhaite pour la France et pour l'Allemagne, pour toute la famille chrétienne, pour le bonheur et le repos du monde.

Le vainqueur d'Iéna, mort à Sainte-Hélène.

Post-scriptum. — Au moment de vous expédier cette lettre, Leibnitz, Kant, Fichte, Schelling, Hegel, Lessing, Schiller, Herder, Gœthe et les deux Humboldt, que votre attitude à Ferrières a profondé-

ment affligés et attristés, me chargent de vous dire
que la güerre que vous faites et comme vous la faites,
depuis la capitulation de Sedan, est aussi absurde
que criminelle et une grande honte pour l'Allemagne et pour le monde civilisé; que toute la destinée
de l'homme n'est pas renfermée entre le berceau et
la tombe; que l'on se rencontre après la mort; que
Dieu existe et qu'il entend toujours les cris des vic-
times mourantes et surtout les vagissements des en-
fants que la faim moissonne sans pitié dans les villes
assiégées.

Puisse la déclaration de vos illustres compatriotes,
que je suis très-heureux de vous transmettre, donner un peu d'autorité à mes paroles!

J'ajouterai à cette déclaration que tous ces grands
esprits, aujourd'hui, pensent comme moi que la Ré-
publique est le gouvernement le meilleur, le plus
conforme à la dignité de l'homme, le plus en harmo-
nie avec ses facultés et le plus propre à conduire l'humanité à ses fins; et qu'ils désirent, autant que moi,
que la paix, une paix honorable pour les deux par-
ties, soit promptement conclue, afin que la France et
l'Allemagne redeviennent sœurs mieux que par le
passé, et que le génie de l'une et le génie de l'autre
forment à jamais une alliance sainte dans l'intérêt de
la liberté, du progrès et de la civilisation.

Ce 15 décembre 1870, de votre ère.

R. F.

Paris. Typ. Rouge frères et Comp., rue du Four-Saint-Germain, 43.

www.ingramcontent.com/pod-product-compliance
Lightning Source LLC
Chambersburg PA
CBHW051749050726
47598CB00003B/1396